AF554267

RÉVÉLATION

DE LA

PENSÉE SECRÈTE SUR ALGER

Paris, imprimerie d'Amédée Saintin, rue Saint-Jacques, 38.

RÉVÉLATION

DE LA

PENSÉE SECRÈTE

SUR

Dialogue

ENTRE TIMON ET UN COLON DU NORD DE L'AFRIQUE.

Par

H. MILHOT DE VERNOUX.

Ce n'est pas dans les discours, mais dans les lois et les actes du gouvernement que se révèlent ses intentions.

(*Mémoire inédit de* M. SAGOT.)

PARIS

CHEZ ROZIER, LIBRAIRE,

Place des Trois-Maries.

1842

RÉVÉLATION

DE LA

PENSÉE SECRÈTE

SUR

ALGER.

DIALOGUE

ENTRE TIMON

ET UN COLON DU NORD DE L'AFRIQUE.

Le système déplorable dont l'opposition veut débarasser la métropole, a des effets bien autrement funestes dans nos possessions d'Afrique, où rien ne s'oppose à son application. Il importe de faire connaître la vérité, car si la nouvelle chambre n'exige pas de ceux qui nous gouvernent les garanties indispensables à la calonisation, l'impéritié ou le mauvais vouloir perdra infailliblement notre conquête. Cette conséquence est évidente pour toute personne de bonne foi, qui a étudié la question de l'Algérie, en présence même des avantages récemment obtenus par notre armée. Sans doute il est équitable de reconnaître que le gouverneur général à multiplié ses efforts pour réparer sa faute du traité de la Tafna : mais, s'il a efficacement travaillé à la domination générale, il a été loin de montrer une égale habileté en ce qui concerne la colonisation, sans laquelle nous ne pouvons nous établir solidement dans la régence ; ses actes administratifs, dus, si l'on veut, à de perfides conseils, à travers ses préoccupations, mais dont il est responsable, sont de graves et funestes erreurs ; qu'il soit satisfait des hommages que l'on rend à sa gloire militaire ; à nous il appartient de montrer le revers de la médaille et de dévoiler le triste tableau des iniquités et des méfaits dont on accable les colons. J'ai promis de défendre, par tous les moyens que mon zèle pourrait m'inspirer, une population opprimée.

J'aurais voulu gagner à ma cause quelques unes de ces célébrités dont le nom seul a le privilége de fixer l'attention publique. Je ne me dissimule pas combien ma tâche est devenue difficile depuis qu'à l'aide de quelques faits réels et de tous les moyens dont le pouvoir dispose, l'opinion s'est laissée égarer : Je n'ai pas, comme nos ennemis, des fonds secrets, des honneurs, des emplois et des faveurs de tout genre pour trouver des auxiliaires dans la presse, à la tribune, dans les administrations, à l'armée et jusqu'au sein de l'académie des sciences morales. L'esprit français, qui tue à coup d'épigrammes les choses les plus graves et qu'un bon mot entraîne, prévenu contres des colons sans publicité ni moyens de défense, ne me laisse guère espérer de détruire les préventions qu'avec quelques facéties on a fait pénétrer jusque dans les conciences pures, et dont les capacités les plus élevées n'ont pu entièrement se défendre.

J'ai pensé d'abord au nom qui, de la capitale à pénétré dans nos villages et a passé les mers, à ce *Timon*, si bon citoyen, si honnête homme, si séduisant, cet ami du peuple, ce raisonneur impitoyable, ce Roi des pamphlétaires, qui dit, sans ménagement tout ce qu'il croit utile à son pays, ce logicien sans réplique, cet écrivain qui met plus d'esprit dans un seul mot qu'il n'en faudrait pour le triomphe de ma cause : Je suis décidé à aller frapper à sa porte et à lui demander, s'il le faut à genoux, un peu de cette verve dont il a d'inépuisables trésors : Cette aumône n'a rien d'humiliant pour moi : il s'agit d'une entière population, de l'honneur national, de la puissance, de la gloire et de la prospérité de la France. Le motif est généreux, la cause est grande et noble, et digne de nos plus grands écrivains et de nos puissants orateurs.

Je me serais bien adressé d'abord à ces princes de l'opinion, sans crainte d'être mal accueilli ; car je sais que plus un homme a de mérite plus il est affable et modeste : la simplicité s'allie avec le véritable talent, et le génie lui-même est parfois bonhomme; mais quelques instants d'un bienveillant entretien ne pouvaient suffire au développement d'importantes questions. Ainsi l'illustre *Arago*, dont l'élocution se plie à tous les sujets, qui sait rendre aimables les leçons les plus ardues, où l'on ne sait ce qu'on doit le plus admirer de l'esprit ou de la science, qui descend à propos des astres les plus élevés pour s'opposer à l'embastillement de Paris et soutenir l'honneur français en orient; quelqu'amabilité, quelque simplicité qu'il mette dans sa conversation, claire, animée, précise, quelque disposé qu'il soit à seconder un projet d'intérêt public, quoiqu'il ait des notions universelles et qu'il soit à même de connaître les lieux dont j'ai à lui parler, ayant été esclave avant 1830, et ayant parcouru, en fugitif, à travers mille dangers, les montagnes qui séparent Alger de Bougie, puis-je espérer que, dans le peu d'instants qu'il aura la bienveillance de dérober à ses savantes méditations et à ses doctes enseignements, pour m'entendre, je le mettrai suffisamment au courant de ce qu'il devra dire pour rendre nulles, avec ses saillies virulentes, les homicides épigrammes de l'ancien libéral, M. Blanqui, son collègue; l'économiste des sciences morales et politiques, qui, dans quelques instans d'un passage, bien indemnisé, s'est permis d'annuler les immenses ressources d'une des plus fertiles contrées du monde, la baptisant illogiquement de *vaste cabaret. pays de la soif*, où l'on doit porter sur son dos l'eau et le bois, tandis que le combustible y est partout à vil prix, et qu'en creusant quelques pieds, les musulmans, véritables buveurs d'eau, en trouvent en abondance en tous lieux où les sources ne jaillissent pas. Quant à l'ivrognerie, dont il accuse ses habitants, un économiste devrait savoir que les méridionaux sont infiniment plus sobres que les habitants du nord, Suisses et Allemands.

Après le célèbre astronome, si j'invoquais le grand avocat, ce premier orateur du siècle : le majestueux et magnifique *Berryer*, si habile, si profond, si vrai dans ses discours, si foudroyant lors qu'on a l'imprudence de l'interrompre ; lui qui, seul contre tous, imposa silence à ces murmures irréfléchis de cette foule d'adversaires, de toutes les opinions, parmi lesquels ses regards magnétisaient de nombreux transfuges et sa voix vibrante brisait, écrasait, anéantissait sur leurs bancs les ciniques apostats qui avaient osé l'exciter par leurs imprudentes provocations, comment pourrai-je lui dévoiler tout un mystère d'iniquités qui s'éforce de présenter à la France comme un don funeste de la restauration, sa conquête si belle, si utile à l'humanité ainsi qu'à la puissance de la métropole? comment pourrai-je lui développer les moyens d'éclairer l'opinion au milieu de cette foule d'intérêts qui sont confiés à sa haute capacité, et parmi ces nombreux clients qu'il est obligé d'entendre, lorsqu'il a tant de questions d'intérêt privé et public à examiner ? Sincère envers lui comme envers tous, je devrai d'abord lui dire que j'invoque aussi les talents de députés dont les principes sur la ligitimité ne sont pas les siens, quoiqu'à vrai dire l'Algérie soit tout à fait en dehors des luttes politiques qui agitent la métropole ; cela ne peut d'ailleurs empêcher ses adversaires de rendre justice à ses louables intentions pour le pays. Ce franc et loyal royaliste a, comme les vrais partisans de la souveraineté du peuple, le cœur noble, l'âme généreuse, il est français autant que les citoyens les plus libéraux ; l'honneur, la gloire, la puissance de son pays sont ses plus chères idoles, et sur ce terrain les bons Français savent toujours s'entendre. La France, la belle, la glorieuse France, son indépendance, sa prospérité, son bonheur, voilà ce que veut tout honnête homme, et si l'on diffère quant aux moyens, les sentiments sont les mêmes !

Je voudrais aussi gagner à ma cause le puissant orateur de la légalité, lui que j'aimais tant à sténographier parce qu'il est si posé, si sage, si démonstratif dans ses brillantes improvisations, *Odillon-Barrot*, qui semble puiser ses inspirations dans la raison même : caractère noble, indépendant, incorruptible, qui s'est éloigné du pouvoir comme d'un foyer infect, et depuis lors n'a cessé de travailler au triomphe des principes qui, développés graduellement d'après les germes de perfectibilité contenus dans nos institutions, sincèrement appliquées, amèneraient, sans danger pour l'ordre, les améliorations réelles que l'époque réclame. Je désirerais encore solliciter les étonnantes facultés oratoires de ce ministre, malheureux protecteur des sophistiques et odieux principes imaginés en Septembre, qu'il a, du reste, promis de faire réformer, s'éloignant du pouvoir lorsqu'il a vu compromettre la dignité de la France. Ce *Thiers* qui, malgré la rapidité de ses improvisations, s'analise aisément à cause des traits brillants qui servent si fréquemment de jallons aux sténographes ; lui qui a toujours compris tout ce que l'Algérie renfermait d'avenir pour la puissance et la prospérité de la métropole, et a forcé nos pusillanimes gouvernants à créer enfin, vis-à-vis du Gibraltar usurpé, le port, première base de l'empire formidable qui rétablira l'équilibre des mers ; foulant aux pieds les prétentions insolentes d'un peuple sans foi, sans pudeur, du tyran maritime, notre éternel ennemi, peuple provocateur, lorsqu'il a, pour le soutenir, toutes les puissances, et ne se bat jamais contre nous que dix contre un.

Dans mes vœux indiscrets je m'adresserais à ce magistrat intègre, *Dupin aîné*, si long-temps et si digne président de la représentation nationale, dont les discours sont si religieusement écoutés et avidement recueillis, qui ne parle jamais sans que l'esprit et la raison ne soient également satisfaits, dont les boutades, d'une verve sans égale, ont prouvé si fréquemment au pouvoir sa complète indépendance, et que, pour lui, l'ordre, la légalité et la bonne administration de la justice, sont d'inexorables principes. En sa qualité d'austère magistrat, j'aurais à lui recommander la manière dont une nation civilisée rend la justice en face des barbares qu'elle veut policer, ainsi que les violations de certains jugements dont nous dirons plus tard quelques mots.

A qui ne recommanderais-je pas une si belle cause? *Châteaubriand*, *Lamennais* et autres célébrités du siècle, *Ledru-Rollin*, *Marie*, *Crémieux*, *Chambolle*, toutes les notabilités de la presse et de la tribune seraient aussi mes protecteurs, si j'avais le don de les persuader, promettant de ne jamais les induire en erreur, de ne pas les exposer à des démentis et des réfutations fâcheuses; imitant au moins en cela le plus spirituel et le plus véridique des pamphlétaires, et, comme un apôtre de la vérité doit d'abord être honnête homme, et que, pour mériter ce titre, il faut ne pas être ingrat, je commencerai par adresser des remerciments vifs et sincères à nos vrais et dignes protecteurs, à ces députés qui, du moins, se sont donné la peine d'étudier la question dans le pays même; *Gustave de Beaumont*, qui comprend et explique si éloquemment que, pour fonder une colonie, attirer des capitalistes et des travailleurs, il ne faut pas anéantir le droit de propriété, détruire la liberté du commerce, traquer l'industrie, escobarder la justice, sabrer tous les droits, escamoter toutes les garanties; en un mot lui, qui, loin de ne pas s'expliquer pourquoi la colonie en est encore à l'état d'embryon, ne comprend pas, qu'avec un odieux ou stupide système on ait pu trouver un seul colon.

Notre vénérable et éclairé ancien président, M. *Filhon*, qu'on nous a enlevé parce qu'il avait des lumières, de la fermeté, de l'indépendance, de l'impartialité, du patriotisme, parce qu'il nous connaissait, qu'il était aimé et vénéré de nous: lui qui savait distinguer l'ivraie du bon grain, qui n'ignorait pas que dans les premiers temps les colonies n'attirent pas les hommes les plus fortunés, les mieux établis, les plus haut placés, les plus recherchés enfin de la métropole, mais qu'avec le temps les populations s'améliorent, qu'elles se forment, s'unissent, s'enrichissent par le travail et les relations de tout genre et surtout par de bonnes lois et la pratique des vertus gouvernementales. Outre les immenses services qu'il nous a rendus en sa qualité de président du tribunal supérieur, nous lui devons d'avoir été débarrassés enfin d'un renégat de 1830, dont les escobarderies législatives et la funeste direction qu'il a donnée aux affaires de la colonie a constamment paralisé les efforts et annulé les immenses sacrifices de la métropole. Malheureusement le système dont il était l'odieux instrument a survécu à sa destitution. MM. *de Corcelles*, les généraux *Schram* et *Rapatel*, MM. *de Tocqueville*, *Charles Dupin*, *Macarel*, qui nous a gratifiés d'une foule de précieux arbustes, *Jouffroy*, que nous avons eu le malheur de perdre, M. *Gigon Laberterie*, le brave et loyal général *Rampon*, fils du héros de Montenotte. qui, dans la séance du 2 juin, a révélé divers abus que nous rappellons, et, par d'indignes manœuvres électorales, nous est enlevé à l'aide d'une misérable majorité de trois voix, jusqu'à la noble revanche que nous promettent les électeurs de son département. Nous ajouterons divers membres de la commission d'Afrique et son illustre président; nons n'oublierons pas MM. Victor *Mangin*, les frères *Olive*, rédacteurs du National de l'Ouest et de la Gazette du Midi, qui nous ont rendu les plus grands services au moment où la presse parisienne nous abandonne, induite en erreur à notre égard, refusant même l'insertion des réclamations les plus justes. Dans ses articles généralement terminés par une épigramme contre les colons, on reconnaît une rédaction d'état-major : on y trouve jusqu'à l'éloge le plus pompeux des publications les plus dangereuses; ainsi celle du général Duvivier a été exaltée par le National, quoique d'un bout à l'autre ce soit un plaidoyer en faveur de l'abandon de la colonie, cette diatribe contre les colons, œuvre blâmable, s'il en fut, va jusqu'à proposer de céder la régence à Abd-el-Kader !

Il serait trop long de citer tous les noms vénérés de la colonie : ses amis sont réellement innombrables au sein de la nation, à peine comptons-nous deux ou trois adversaires consciencieux et honnêtes. D'autres nous persécutent lâchement, nous trouvant bâillonnés et garottés, par vénalité, par ambition, par méchanceté, pour complaire enfin au système ignoble qui ravale la France au rang de puissance de dernier ordre; vils courtisans de l'odieuse Angleterre, car s'il est une vérité qui doit ressortir de cette publication, c'est qu'il faut être anglais de naissance ou de cœur pour travailler, par de ténébreuses machinations, à dégoûter la France de notre conquête, un de ses plus glorieux trophées et de ses plus beaux titres à la reconnaissance des nations civilisées, qu'elle a délivrées du brigandage des mers.

Après m'être acquitté d'un premier devoir, je me décide à implorer l'assistance du malicieux Timon, je vais donc frapper maçonniquement à sa porte et faire le signe de détresse de la veuve, ces préliminaires m'ayant mis en rapport, voici le résultat de notre entrevue: Qui êtes-vous, me dit Timon, avec bienveillance? A cette question bien naturelle, la seule peut-être à laquelle je n'étais pas préparé, j'avoue que je fus pareil à ce bonhomme de Rousseau, qui avait besoin de réfléchir huit jours pour trouver une répartie. Rentrant en moi-même, je cherchai qui j'étais. Je me souvins bien de mon nom, trop obscur pour dire quelque chose, du pays où j'étais né, de ce que j'avais fait, des lieux que j'avais habités, mais tout cela n'aurait pas fait connaître au pamphlétaire ma qualité actuelle et surtout l'objet de ma visite. Qui suis-je? me demandai-je donc, suant sang et eau de ne pouvoir répondre. Ne trouvant aucun mot qui pût définir ma qualité, je pris le parti de dire, avec une sorte de franche bonhomie : Ma foi, monsieur Timon, je dois vous avouer que je n'en sais rien.—Comment, répliqua le logicien, avec une malice sérieuse et comique, vous ne savez pas qui vous êtes?—Hélas! non, répondis-je. Il vous est facile de me railler, vous dont la position sociale et la réputation sont si bien établies : mais moi, pauvre ilote au dix-neuvième siècle, esclave au temps où on les affranchit, Français honorable, privé par le système anticolonial de droits civiques comme le galérien, colon sans colonie, habitant sans domicile; cherchez, je vous prie, vous-même si fertile en mots significatifs, et tâchez de me dire qui je suis.

Timon. — Voyons, mon ami, je ne suis pas si diable que je vous fasse peur au point de vous ôter la mémoire; je tâcherai de vous aider à vous reconnaître : d'où venez-vous?

Moi. — Je viens d'Alger.

Timon.—Ah! vous venez de cette terre homicide où l'on enterre tant de braves et tant de millions. Vous devriez rougir de demander encore l'aumône pour une colonie où l'on a jeté tant de trésors.

Moi.—Je conviens qu'on a dilapidé dix

fois plus d'argent, sans rien faire, qu'il n'en fallait pour réussir : aussi c'est du bon sens et de la bonne foi qu'il nous faudrait avant tout, et voilà pourquoi je viens vous importuner.

TIMON. — Mais quelle qualification vous donnent les hommes du système?

MOI. — Ils me nomment pékin, chapeau-rond, épicier, cantinier, ivrogne, cabaretier, agioteur, marchand de salades, accapareur, banqueroutier, voleur, chien de chrétien. truand, gibier de potence, lisez un journal ministériel daté du 6 avril dernier.

TIMON. — Quand cela serait vrai, vous n'en seriez pas moins un colon, car les déportés anglais à Botany Bay portent ce titre et on respecte leurs droits et leurs propriétés.

MOI. — A Alger, il n'en est pas ainsi, et pour preuve que ce n'est pas une colonie, on met de côté l'art. 64 de la Charte ainsi conçu : « Les colonies seront régies par des *lois* particulières. » Or, à Alger, le pouvoir s'est donné le droit de nous régir par des ordonnances; celle du 22 juillet 1834, qui nous a octroyé une espèce de Charte, est elle-même violée à chaque instant par des arrêtés du gouverneur et de ses agents, qui le sont à leur tour par les subalternes, chargés de leur exécution.

TIMON. — Celà doit faire un beau gouvernement! mais vous n'en êtes pas moins citoyen français?

MOI. — Dès que nous posons le pied en Afrique, nous sommes dépouillés de tous nos droits.

TIMON. — Vous avez donc abjuré votre patrie par quelque promesse, serment ou contrat?

MOI. — C'est une erreur : ayant coopéré selon les lois françaises, par nos contributions et l'impôt du sang, à la conquête de la régence, nous avons pensé qu'elle nous appartenait aussi bien qu'à quelque membre du pouvoir exécutif que ce fût, et que nous pouvions y apporter nos pénates, notre avoir, notre industrie et notre travail, pour y améliorer notre sort, en coopérant à la prospérité de la colonie : mais à notre arrivée, nous avons reconnu que le pouvoir s'en était fait une espèce de domaine privé et qu'il le traitait en propriétaire, usant amplement du droit d'abuser, toutefois aux dépens de la bourse des contribuables.

TIMON. — Comment n'êtes vous pas habitant d'Alger, dans la vérité de ce mot?

MOI. — Parce que je n'y puis faire élection de domicile : un arrêté du 2 août 1836, art. 10, donne au gouverneur le pouvoir de nous déporter quand bon lui semble.

Timon. — Avant de parler de garanties, faites-moi connaître l'objet de votre mission ;

Moi. — Je viens défendre nos droits et nos intérêts :

Timon. — Cette mission vous donne le titre de délégué.

Moi. — Non pas, s'il vous plaît, lorsque nous avons voulu nous assembler pour en nommer un, le pouvoir nous a fait dissoudre par la force. Nous y avons suppléé par des listes, et celui qui avait obtenu de nombreuses signatures, avec mandat de venir travailler au bien général, n'a été reçu que comme simple particulier par les fonctionnaires publics : ne pensez-vous pas qu'il est absurde d'empêcher des hommes de déléguer à un tiers les pouvoirs qu'ils ont eux-mêmes?

Timon. — C'est assez juste, maintenant il nous faut un mot pour savoir à qui j'ai affaire, et puisque vous êtes un je ne sais quoi qu'on ne peut définir, tranchons la difficulté en vous appelant *Monsieur Personne*, et dites-moi d'abord, monsieur Personne, ce que vous désirez de moi?

Monsieur Personne. — Je venais vous prier de m'indiquer un moyen d'éclairer l'opinion, sur le système qui perd la colonie, vous qui savez si bien dévoiler les mauvais desseins, et dire les choses les plus fortes, sans vous compromettre.

Timon. — Pour éclairer l'opinion, il faut dire la vérité, et rien que la vérité, sans qu'il soit nécessaire de dire toute la vérité, il faut ne jamais rien annoncer qu'on ne puisse prouver, non seulement par raisonnement, mais avec des titres, et des pièces irrécusables, avez-vous à nous faire des révélatious pareilles ?

M. Personne. — Je garantis personnellement ce que j'avance.

Timon. — Celà ne suffit pas, on n'est pas obligé de vous croire sur parole.

M. Personne. — Je puis établir, pièces en main, 1° que nous n'avons pas de lois, 2° que nous n'avons pas de juges, 3° que nous n'avons pas d'avocats, 4° que nous n'avons pas d'institutions, 5° que nous n'avons aucune garantie, 6° que l'administration abuse de ses pouvoirs, 7° que le ministre viole l'ordonnance qui est notre charte octroyée, 8° que les gouverneurs désobéissent à l'article 13 de l'arrêté du 2 août 1836, 9° qu'ils abusent fréquemment, pour nous ruiner, de la faculté de prendre des mesures provisoires et de rendre des arrêtés d'urgence, 10° qu'étant irresponsables, et ne pouvant nommer un commis, ils s'érigent en législateurs, détruisent les droits acquis, les propriétés légitimes, les fonds de commerce anciens, légalement établis, et payant exactement d'absurdes droits de licence, anéantissent le prêt hypothécaire, ôtent à la garde nationale, qui a satisfait à l'impôt du sang dans la métropole, ses garanties civiles, la ruinent par des factions, et des emprisonnements réitérés sans jugement, la placent enfin sous les ordres du commandant des galériens, inspirés sans doute par les aimables qualifications dont on gratifie les colons mes confrères.

TIMON. — Doucement, comme vous y allez ! mais on a raison de vous nommer gibier de potence, vous en dites cent fois plus que n'en demandait un magistrat pour faire pendre le plus honnête homme du monde : Commençons, s'il vous plaît, monsieur Personne, par votre primo : Comment n'avez-vous pas de lois?

M. PERSONNE.—Parce que nous n'avons que des ordonnances, et des arrêtés irréfléchis, rendus par douzaines par divers législateurs, *abirato*, en dehors des leçons de l'expérience, et de tous les principes ; qui annulent la propriété, détruisent le prêt par hypothèque, et ruinent le commerce le plus important du pays.

TIMON. — Bah! ce sont des allégations, de pékin, de truand, de colon mécontent. Quels sont ces ordonnances, et ces arrêtés?

M. PERSONNE. — L'ordonnance du 22 juillet 1834, violatrice de l'article 64 de la charte, sert de prétexte au gouverneur pour faire *provisoirement*, et *d'urgence*, tout le mal que peut inspirer l'impéritie, ou le mauvais vouloir. Celle du 28 février 1841, est selon moi désorganisatrice de la justice; l'arrêté du 2 août 1836 donne au gouverneur le droit de déportation, que le ministre prend sous son bonnet, celui du 17 février 1840, crée des je ne sais quoi, réunissant les fonctions judiciaires, administratives, militaires, de police, espèce de pot-pourri de tous les pouvoirs appelé *Commissaire civil*, que vous pourriez nommer *monsieur Tout et Rien* : l'arrêté du 1er décembre 1840 sur le séquestre, annule la capitulation de 1830 envers nos alliés qu'il dépossède, sans jugement, sur une dénonciation salariée, et parce qu'ils ont été forcés de se soustraire aux cruautés de nos ennemis par notre honteux abandon.

Cet arrêté est tellement confus qu'il est impossible de s'y reconnaître l'orsqu'on l'applique, et expose les Européens à des amendes ruineuses, ainsi qu'au double payement de leur rente pour n'avoir pas pu dénoncer les indigènes avec lesquels ils n'ont aucune relation.

Un arrêté du 10 juillet 1837, par lequel le gouverneur interdit, en dehors de ses attributions, l'achat de propriétés à Bélida, occupée par nous, sert aujourd'hui de prétexte au ministre pour confisquer ces propriétés, quoique l'arrêté n'ait pas été approuvé ni légalisé par voie d'ordonnance; bien plus, l'administration au lieu de s'opposer à ces aquisitions, les a autorisées en percevant des droits d'enregistrement: n'est-ce pas une véritable escobarderie? L'arrêté du 9 décembre 1841 détruit le droit de propriété, et toute espèce d'hypothèque; il permet à l'administration de s'emparer de tous les biens qui lui plaisent pour une dérisoire indemnité, dont elle est juge et partie, et dont elle ne paye jamais le capital, mais depuis douze ans, dont elle promet de payer une rente inférieure de moitié au revenu de l'immeuble, sur le domaine incertain de l'Algérie. Voyez les articles 1, 2, 3, 4, 5, 6, 7, 8, 9, 10, 11, 12, 13, 14, 15, 23, et 30, de cet arrêté.

Les arrêtés des 19 et 28 mars et 17 Décembre 1841 placent la milice sous la loi militaire, et privent les citoyens de toute garantie pour leurs personnes; celui du 18 avril même année exproprie une foule de terrains sans indemnité préalable; celui du 14 juin 1842, crée, sans circonstances atténuantes, une pénalité qui heureusement ne va pas jusqu'à la mort, mais peut s'élever à quatre ans d'emprisonnement pour avoir désobéi au gouverneur, en changeant de résidence sans son aveu.

Un avis du 13 avril 1841 a fait un grand mal à l'agriculture et au commerce, en les privant brusquement de moyens de travail et de transport; l'arrêté du 10 mars 1832 crée un droit fixe de licence de 600 francs, pour les établissements à 300 f. de loyer comme pour ceux qui en payent dix mille: pendant dix ans on n'a exigé qu'un droit fixe pour une maison, mais on s'est ravisé, et le fisc exige autant de fois ce droit qu'il y a d'associés sous la même clef, le tout en violation des lois du 6 fructidor an 4, 9 frimaire an 5, et 7 brumaire an 7, après avoir écrasé d'un impôt six fois plus fort que les patentes de la métropole un pays naissant, on a détruit les recettes en prohibant la vente aux militaires, seuls consommateurs pendant la guerre, dans une colonie où l'on n'a pas laissé produire de moyens d'échange.

Vous comprenez qu'il y a quelque perfidie à varier ainsi dans l'interprétation des lois. Des restaurants, qui existaient depuis douze ans, ont été obligés de fermer, parce qu'on a doublé et triplé les charges de la maison où ils étaient.

L'arrêté du 6 mars 1832, fait revivre *d'urgence* et *provisoirement* cette prohibition, datée de dix ans, y ajoute la création de priviléges, destructeurs de la concurrence utile à l'armée, détruit, en les faisant violemment fermer, par une rétroactivité qui remonte à douze années, des établissements, des fonds de commerce, et des droits légitimement acquis, attaque tous les intérêts du pays et prépare de nombreuses faillites. L'arrêté du 25 octobre 1841 viole l'article 87 du code de procédure, ainsi que l'article 25, § 3, de l'ordonnance du 28 février 1841, spéciale à l'Algérie, en défendant la publicité des audiences pour tous les procès contre l'administration, on n'a pas besoin de dire pour quel motif. On pourrait citer d'autres mesures, mais en voilà assez pour prouver que l'objet de la législation du pays est d'enlever aux colons toute garantie pour leur fortune, leur travail, leur industrie, leur commerce, leur honneur, leur liberté, leur vie même, comme le prouvent les exécutions récentes de Constantine : il n'est pas de loi qui n'ait été rendue sous forme d'arrêté : à quoi servait donc l'insertion des mots limitatifs, *Provisoirement, en cas d'urgence, et d'interruption avec la métropole,* dans l'ordonnance du 22 juillet 1834 et l'article 13 de l'arrêté ministériel du 2 août 1836 ?

TIMON. — Reprenez haleine, M. Personne et buvez cette eau sucrée; maintenant dites-moi comment vous n'avez pas de juges dans une contrée où l'on rend des jugements ?

M. PERSONNE. — Parce que le *je ne sais quoi* qui les rend est révocable.

TIMON. — Pourquoi n'avez-vous pas d'avocats ?

M. PERSONNE. — Parce qu'ils sont aussi révocables.

TIMON. — Je vois qu'on pourrait désigner vos garanties, votre milice, vos lois, votre gouvernement, votre organisation judiciaire, par le mot de *droles de choses*. A présent, en quoi l'administration abuse-t-elle de ses pouvoirs?

M. Personne. — Le rapport de M. Blanqui, non suspect aux agents du système, sur l'impéritie et le mauvais vouloir des chefs et fournisseurs de l'armée, vous prouvera qu'on a choisi des camps empestés à côté d'endroits salubres ; que les hôpitaux ont manqué de choses essentielles ; que les aliments et les remèdes étaient avariés, que les soldats, écrasés par leurs vêtements européens et leurs fardeaux, étaient rôtis par des marches au soleil ou mouillés jusqu'aux os par une pluie battante ; qu'on les a fait coucher en plein air à l'humidité des nuits ; que, décimés ainsi par la fièvre, la dissenterie et la nostalgie, on a trouvé commode d'accuser les colons, qui les désaltéraient et les alimentaient, de les avoir empoisonnés.

2° Il est de notoriété publique qu'après avoir créé, par le traité de la Tafna, un centre de nationalité arabe, et tiré du néant un berger pour en faire un second souverain dans notre empire, on lui a fourni des armes, des munitions et des ouvriers qui ont plus tard servi à tuer nos soldats.

3° Il est avéré que les gouverneurs ont été remplacés aussitôt qu'ils ont paru comprendre la colonie ; deux fois cela est arrivé au maréchal Clausel et on a fait avorter l'expédition de Constantine en le laissant manquer de tout. Le général Bugeaud lui-même, si obséquieux pour le système anti-libéral dans la métropole, s'est vu presque supplanté par un sous gouverneur, lorsqu'il travaillait le mieux pour dompter les Arabes; on parle de ses relations avec l'aide-de-camp du château, comme étant assez curieuses.

4° Le gouvernement, aux exceptions honorables près, a envoyé en Afrique ce qu'il avait de plus mauvais en employés, presque tous célibataires, adonnés les uns aux voluptés orientales scandaleuses, et d'autres à la cupidité. Des procès fameux ont constaté les dilapidations du trésor et les exactions sur les fourrages. Lorsqu'on avait rendu la colonisation impossible par manque de sécurité, on préférait acheter en Italie à 17 fr. le quintal des foins inférieurs à ceux que les colons offraient et qu'on ne leur payait que moitié, cela les aurait sauvés de leur ruine : on a longuement attendu malgré les pétitions et les plaintes pour mettre en jugement les coupables.

5° On a employé les fonds, votés pour l'assainissement, en achat de tableaux d'église et de cadeaux que les Arabes n'ont pas voulu.

6° On a plusieurs fois invité des colons à venir en Afrique, et lorsqu'ils étaient à Toulon, on les a obligés, en partie, à s'en retourner. La société coloniale, par mon organe, lorsque j'étais son vice-président, a proposé de créer un bureau pour aviser au placement des ouvriers et cultivateurs débarqués et leur faire des avances : le directeur de l'intérieur a refusé.

Lorsque je suis parti pour Alger, un commissaire de police est venu chez moi vérifier mes moyens d'existence, ma moralité et l'utilité dont je pouvais être pour la colonie. Les préfets avaient ordre de prendre ces renseignements avant de délivrer des passeports : ce n'est donc que sous la surveillance de l'autorité que l'Algérie s'est peuplée, ce qui n'a pas empêché le pouvoir de nous traiter sans égards ni considération et de permettre qu'on nous insultât et calomniât verbalement et par la voix de la publicité dont il nous a privés ; enfin ses derniers envois étaient remarquables par la misère et les vices des émigrans : il leur avait promis des terres et des salaires élevés, et, à leur arrivée, la plupart n'ont pas trouvé d'asile ni de salaire, trop heureux lorsqu'ils étaient enfouis dans des fossés à 1,50 par jour, à une époque où la viande coûtait au moins

2 fr. le kilogramme; aussi la plupart mourraient de maladie et d'inanition, et ceux qui repartaient n'offraient plus qu'un physique cadavéreux, fort peu encourageant pour les cultivateurs tentés de les imiter : tandis qu'on décourageait l'émigration des Français, on laissait arriver en masse des voleurs maltais et des Espagnols dont on a enlevé la surveillance au respectable consul.

TIMON. — Encore un verre d'eau sucrée, M. Personne; que me direz-vous de la population en elle-même?

M. PERSONNE. — Malgré le peu de soin que le gouvernement a mis à peupler le pays, et le mauvais choix des administrateurs, il y a parmi les employés et les colons des hommes fort distingués, des notaires, des défenseurs, des magistrats d'un caractère indépendant et honorable, et si les chefs ne professaient pas hautement un indigne mépris pour la population, si, par de sourdes menées, on ne semait pas entre l'armée et les habitants, et entre les diverses classes de colons eux-mêmes, la défiance et la désunion; il serait plus facile qu'on le croit de s'entendre. Ainsi nous avons une société coloniale, une société agricole, une chambre et un tribunal de commerce où sont des hommes probes et éclairés. Ce tribunal rend des jugements fort sages, et dans un temps surtout les jugemens du tribunal civil de première instance étaient bien plus fréquemment mis au néant que les siens par le tribunal supérieur. On pourrait trouver aisément un conseil municipal, un conseil colonial, avec des délégués qui empêcheraient souvent le pouvoir de faire des sottises, dans une population européenne qui s'élève pour Alger seulement à plus de vingt mille âmes.

TIMON. — La statistique judiciaire du pays vous est-elle défavorable?

M. PERSONNE. — En 1841 nous n'avons eu que six faillites dont une seule considérable, les négociants et les emprunteurs font presque toujours honneur à leur signature. Si nous avons beaucoup de procès, celà est dû à la mauvaise organisation judiciaire et aux vexations de la police, autant qu'aux contestations naturelles à un pays nouveau. Depuis 1830 il y a eu peu de condamnations à mort, la plupart contre des indigènes. Paris est proportionnellement beaucoup plus dangereux et plus mal composé. Enfin en aucun département français il ne se commet moins de délits et de crimes qu'en

Algérie. En un mot, s'il y a parmi les émigrants du mauvais, des esprits exaltés, inquiets, avides, comme partout, il y a aussi des familles honnêtes qui, maltraitées par le sort, sont venu travailler à l'amélioration de leur fortune. Ce ne sont pas toujours les riches qui restent qui sont les plus honorables.

TIMON. — Ne se plaint-on pas de la fiscalité administrative?

M. PERSONNE. — L'administration a voulu pressurer une société avant sa formation. La Douane s'est trouvée partout aussitôt que l'armée, elle a exploité les enchères avec l'habileté la plus perfide; dans le principe elle s'est emparé de tout ce qui était à sa convenance, lorsqu'un propriétaire ne cédait pas promptement, on envoyait des sapeurs pour démolir sa maison; les terrains qu'elle a vendus se sont élevés à un prix aussi élevé que ceux des beaux quartiers de Paris.

La maison Latour-Dupin, qui est bâtie sur un emplacement de 600 mètres, paye au domaine quinze mille francs de rentes qui ne sont rachetables qu'avec trois cent mille francs, et n'en valent, dans le commerce, que soixante et quinze mille; jamais, comme je l'ai déjà dit, l'administration ne paye de capital, elle évalue ses indemnités en rentes dont la plupart, depuis douze ans, sont encore à payer, en calculant de manière qu'elle ne doit que moitié de ce qu'elle exige elle-même ; ainsi, pour une rente de mille francs qui vaut à Alger en capital cinq à six milles francs, l'administration se fait payer à raison de vingt-mille, et lorsqu'elle dépossède elle ne veut tenir compte que de dix ; ses expropriations ont souvent pour objet de revendre à des particuliers comme M. Latour-Dupin qui a construit une maison d'intérêt privé ; il en est de même de l'emplacement où sont des barraques pour des cafés et autres commerces.

Les propriétaires indigènes dépossédés de ces terrains, n'ont encore rien obtenu de leurs rentes, fort inférieures à celles qu'en reçoit l'administration, et lorsqu'ils meurent de faim, elle se contente de leur faire l'aumône. On évalue a 500 mille francs les rentes qu'elle ne paye pas, les ayant réglées elle-même, se constituant juge et partie. Le gouvernement a établi le taux légal à Alger, à dix pour cent, et l'administration perçoit ses droits à cinq pour cent, c'est-a-dire, le double plus cher ; un colon ayant été dépossédé fut obligé pour ravoir son terrain de le racheter aux enchères, et le paya le double de se qu'il en recevait lui-même ; un autre colon ayant acheté d'un indigène un terrain, le domaine lui en prit la moitié pour la voie publique, et les ponts-et-chaussées s'emparèrent de l'autre moitié, et quoiqu'il ne lui restât rien, il n'en fût pas moins condamné à payer la rente.

TIMON. — Une petite goutte d'eau sucrée, M. Personne.

M. PERSONNE. — Le domaine a perçu pendant un certain temps une double rente, pour le même objet, de deux colons, et, pour faire cesser ce double emploi, un des débiteurs fut obligé d'acheter les droits de l'autre.

Les alignements ont été faits et refaits au préjudice des maisons déjà construites; la communication carrossable de la rue de la marine à la rue Babeloued; au lieu d'être directe par la rue d'Orléans et la rue Philippe, fait un long détour par celle des Consuls, d'ailleurs, telle qu'elle est, fort convenable; il en est de même du prolongement projeté de la rue de Chartres jusqu'à Bab-el-Oued qu'on fait descendre jusqu'à la rue des Marseillais, au lieu de suivre directement la rue de Lalaoum qui la précède. Les immeubles séquestrés par le domaine tombent en ruine, ses édifices déparent les nouveaux et beaux quartiers d'Alger, et en empêchent l'achèvement; ses terrains sont improductifs; ses villages de Kouba, Douera, Delibrahim, Bouffarick, Fouka ont avorté; il en sera de même de ceux projetés, qui ne feront que servir de pâture aux vampires et aux dilapidateurs de la fortune publique. C'est cependant le grand argument en faveur des spoliations qui sont conseillées, sous prétexte qu'il n'y avait pas de droit de propriété avant nous en Algérie, tandis que l'on peut produire vingt mille titres pour établir le contraire.

Pour d'utopiques essais le gouvernement possède, en dehors de nos lignes, d'immenses contrées, sans qu'il ait besoin d'arracher à de pauvres colons, une fortune péniblement acquise; des colons arrivés avec de petits capitaux sont ruinés, n'ayant pu obtenir des concessions, parce que le domaine préfère les enchères qui le placent à la tête des agioteurs.

Voyez sur ces faits le mémoire remis par les colons à la commission d'Afrique, l'ouvrage publié cette année par M. de Prébois, le mémoire aux chambres de M. Rozey, son cri de conscience, la pétition inédite de M. Sagot, l'avis aux ouvriers du moniteur algérien du 4 mai 1841, n° 468, l'arrêté du 1er octobre

1840, celui du 3 février 1841, la circulaire du 14 décembre même année et autres.

TIMON. — Encore un verre d'eau sucrée M. Personne, dites moi pourquoi vous êtes appelés cantiniers et marchands de salade?

M. PERSONNE. — C'est une amère ironie de traiter épigrammatiquement des infortunés auxquels on a cassé les bras et les jambes, pour se moquer ensuite de ce qu'ils ne pouvaient agir, j'ai déja parlé du détournement des fonds votés pour l'assénissement : j'ai à vous expliquer maintenant les désastres de la Mitidja : nous avons vainement sollicité une enquête pour prouver qu'on a laissé ravager, incendier, détruire nos établissements et assassiner les colons par douze ou quatorze cents bédoins, à la vue de quinze mille français, parqués et indignement consignés dans des camps, après même que le gouverneur d'alors eut reçu un renfort de trente mille hommes. Tandis que ce gouverneur, pour faire déserter le massif comme la plaine, faisait propager un sauve qui peut; qu'il faisait créneler des maisons aux portes de la ville; qu'il faisait rentrer quelques misérables meublés, protégés par le canon du fort de l'Empereur, et laissait même incendier des fourages jusqu'à trois cents pas de la porte Babazoun; des héros, insultés aujourd'hui, se défendaient non moins glorieusement que nos soldats à Massagran.

Le nommé Pirette, qui n'a pas encore reçu la croix d'honneur, malgré les preuves authentiques qui sont sous nos yeux, s'est défendu seul, tout un jour, contre douze cents Arabes à Bensemann, et a fait mordre la poussière à un grand nombre d'entr'eux, sans obtenir aucun secours des troupes du camp de l'Arba qui l'entendaient et où il s'est sauvé la nuit. Un Espagnol a résisté pendant deux heures à cette horde de brigands qui venait d'assassiner la famille Teysseire à une portée de fusil des chasseurs d'Usseindey, frémissant de rage d'être retenus, sous peine de passer devant un conseil de guerre, tandis que les victimes les appelaient nominativement à leur secours

Les deux colons de la campagne de M. Albert Boënch, se sont aussi défendus en héros. Un régiment de cavalerie aurait dispersé cette horde d'adjoutes et aurait sauvé les magnifiques et premiers jallons de la colonisation, pour longtemps détruits, ainsi que les beaux orangers de Blida dévastés par ordre militaire. Voyez à ce sujet les journaux des mois d'avril, mai, juin, juillet et août 1840, et entr'autres les numéros du Toulonnais de cette époque dont les articles sont signés de moi.

Cependant le maréchal Valée rendit au trésor trois cent mille francs de fonds secrets avec lesquels il aurait pu indemniser au moins les victimes qui avaient survécu! et maintenant on reproche aux colons de n'avoir cultivé ni café, ni coton, ni indigo dans la plaine et d'avoir fait le commerce avec l'armée ou semé des légumes dans le massif, lorsqu'ils mouraient de faim!

TIMON. — J'ai ouï parlé de jugements violés : à quelle occasion?

M. PERSONNE. — Après avoir laissé consommer le crime anti-colonial par les Bédoins, après avoir, sous prétexte de constituer un pays nouveau, anéanti tous les droits et toutes les garanties, par la violation de la charte, des ordonnances et des arrêtés, l'administration à fait violer les jugements rendus à la requête du ministère public : malgré les protestations, les réclamations et les significations les plus régulières; à une époque le maréchal Valée rendit l'arrêté du 4 décembre 1840, pour annuler un jugement, aujourd'hui les agents en sous-ordre ont foulé aux pieds les jugements rendus au nom du roi ou plutôt de Dieu lui-même, par un magistrat éclairé et intègre ; je viens même d'apprendre que pour avoir voulu se conformer au code d'instruction criminelle, dans une affaire où il y avait un intérêt de dix francs, le premier magistrat, commissaire civil de Bouffarik, a été pris et conduit par des gendarmes à Alger ; aucune destitution n'est venue jusqu'à présent venger les lois et la justice, ainsi que la plus odieuse atteinte portée à la liberté du premier fonctionnaire de Bouffarik.

Un autre jour j'aurai à vous entretenir de divers faits, entr'autres d'un bris de scellés, d'un emprisonnement arbitraire de huit jours ordonné par le gouverneur général.

TIMON. — Il faut signaler ces faits par la presse de la métropole,

M. PERSONNE. — Les fonds secrets nous ont fermé l'accès de certains journaux, et nous n'avons pas assez d'argent pour les rouvrir ; lorsque nous publions des brochures on nous persécute comme on a fait à l'égard du brave M. Rozey, lieutenant colonel de la milice, qu'on a destitué.

TIMON. — De mieux en mieux; que concluez-vous de cela, croyez-vous à l'impéritie ou au mauvais vouloir ?

M. PERSONNE. — Libre à chacun d'en

penser ce qu'il voudra, mais, dans mon opinion, l'incapacité n'a pas uniquement présidé à l'anéantissement de toutes les ressources de l'Algérie, il existe un complot habilement conçu, si ce n'est pour perdre totalement notre conquête, du moins pour plaire aux Anglais et leur persuader, en les trompant peut-être, selon une politique indigne d'une grande nation comme la France, que nous ne ferons jamais rien de bon de l'Algérie. Les plaintes des colons, les attaques de la tribune contre l'interruption des travaux du Môle et la dilapidation de nos trésors servent merveilleusement cette politique. Depuis que le général Bugeaud a si bien travaillé à la domination générale, on peut croire que les Anglais ont été pris pour dupes, mais il est temps de changer de système de colonisation car, si on persistait, la trahison, pour nous, serait manifeste.

Telle est à mon avis la pensée secrète qui a dirigé jusqu'à ce jour les affaires de l'Algérie.

Timon. — Cette explication est, à mon avis, la plus favorable au pouvoir, à moins qu'il ne se réfugie dans une complète ineptie. En politique les conséquences ne sont pas aussi rigoureuses que celles résolues par des chiffres en finance et chacun est libre de penser ce qu'il veut; mais ce n'est pas tout de censurer, il faut construire : que proposeriez-vous ?

M. Personne. — Ce que je proposerais ? je ne m'érigerais pas en régénérateur dédaigneux de tout ce qui a été fait et je ne croirais pas au génie de tous les Jean Jean qu'il me plairait d'envoyer: profitant de l'expérience des siècles, je rentrerais dans le droit commun, tout en observant la capitulation de 1830, je reconnaîtrais les acquisitions faites jusqu'à ce jour; j'assurerais la domination générale par l'intermédiaire d'indigènes à notre solde, et avec des colonies militaires qu'on pourrait essayer en dehors de nos lignes; je fortifierais la plaine par un canal navigable combiné avec les routes stratégiques de M. de Prébois, qui, à l'exception de sa paix si impolitique avec Abd-el-Kader, a écrit de très bonnes choses et je consoliderais la propriété par le rachat des rentes, à l'aide d'un emprunt, à 4 p. 0/0, de 640 mille fr. de rentes, représentées par un capital de 16 millions, dont les intérêts, garantis par le gouvernement, seraient payés, à titre d'impôt, servant de base à des droits politiques, par les débiteurs des rentes dont ils seraient libérés.

Ce capital de 16 millions, employé à racheter les rentes au taux légal de dix pour cent, bien plus avantageux que les achats ordinaires, ne coûterait rien à personne, et réduirait de soixante pour cent les charges écrasantes des colons, en exigeant son placement pour cinq ans sur des biens en Algérie, on trouverait des fonds d'assainissement et de fortification, sans sacrifices pour les contribuables, l'agiotage serait détruit, la fortune de l'Algérie serait unie à celle de la France, et, à l'aide de bonnes lois, les colons viendraient en masse.

TIMON. Avant de terminer, j'ai diverses observations à vous faire, dans votre intérêt, et d'abord je dois vous dire que votre projet de rentes est assez singulièrement placé dans votre opuscule; il faut, monsieur Personne, qu'un pamphlétaire soit concis et clair, qu'il travaille avec soin; évitez surtout le galimatias pour des lecteurs qui, ne connaissant pas Alger, ne peuvent être pénétrés comme vous de votre sujet; Cependant votre cause est si belle et vous avez une si louable ferveur dans vos sollicitations, que vous m'inspirez de l'intérêt : je vous promets donc le mot, objet de vos désirs, à condition que vous n'en ferez pas des commérages.

M. Personne. — L'indiscrétion n'est pas mon défaut, mais, monsieur Timon, chacun sait bien que vous dites plus de choses dans un seul mot, que moi dans tout un discours, vous réunissez dans une expression non seulement l'érudition qui remonte au temps où le plus rusé des grecs échappait à Polyphême en se nommant comme moi, mais encore la malice des Athéniens et l'esprit français le plus parfait et le plus séduisant; il ne faut pas m'en vouloir si on vous reconnaît à votre inimitable cachet: sans que je m'en mêle vous vous révèlerez vous-même, et quelque soin que je prenne à dissimuler votre mot *Personne* ne s'y trompera. Permettez-moi, dans l'intérêt de ma cause, de m'en féliciter: Daignez prendre ce mot, qui est bien votre œuvre, sous votre protection, vous en ferez, pour me porter bonheur, un talisman qui brisera ce mur de glace que la presse parisienne, aveuglée sur un puissant moyen d'opposition, a élevé entre elle et les Français du nord de l'Afrique qui partagent ses opinions.

Timon. — Expliquez-moi votre énigme de rentes.

M. Personne. — Les achats d'immeubles en Algérie ont lieu, outre un capital, en rentes perpétuelles dont je vous épargnerai les fastidieuses dénominations ; le domaine surtout les a rendues si onéreuses par ses enchères qu'on ne pourra les payer lorsque les loyers auront baissé par l'achèvement des constructions : on a compris que la propriété dans la colonie ne sera point assise tant que l'affaire des rentes ne sera pas régularisée. Dans ce but on a proposé de les déclarer rachetables à dix pour cent ; mais les colons ne pourront se libérer, d'un côté parce qu'ils ne trouveront pas de l'argent à ce taux, faute de crédit ; et de l'autre parce que ces rentes exorbitantes se rachètent aujourd'hui, de gré à gré, moitié moins cher : mon projet a d'immenses avantages, dont j'ai dit quelques mots, il sera d'une grande économie et paraît d'autant plus équitable qu'il ne demande au gouvernement qu'une infiniment petite portion de son crédit en place de celui qu'il nous a fait perdre : le voici formulé :

Art. 1er. — Il sera créé des rentes sur l'état à 4 pour 100 pour une somme équivalente au capital, calculé au denier dix, de toutes les rentes payées en Algérie.

Art. 2.—Ces rentes seront remboursables facultativement pour l'état. Les indigènes qui solliciteront le remboursement placeront leur capital dans la colonie au moins pour cinq ans.

Art. 5. — Les débiteurs actuels de ces rentes en seront libérés et payeront à l'état, à titre d'impôt, quatre pour cent du capital qu'il paye lui-même à Paris.

Exemple. — Pierre doit 10 fr de rentes à Ibrahim, le gouvernement crée 4 fr de rentes, il n'obtient 100 fr. et les envoie à Alger pour libérer Pierre à l'égard d'Ibrahim. Pierre paye annuellemen 4 fr. de rentes à l'état, au lieu de dix qu'il payait à Ibrahim : ce dernier achète des biens en Algérie : on y place pour cinq ans les cent francs qu'il a reçus. En attendant le gouvernement lui paye 10 fr. de rentes, les cent francs de capital rapportent à Alger plus de quinze pour cent.

Tel est le projet que j'ai remis à M. le président de la commission d'Afrique.

Au surplus, que M. les députés se bornent à réclamer notre rentrée dans le droit commun et la réunion à la France de l'Algérie par une loi, le reste viendra de lui-même.

Timon. — Je vous comprends maintenant et je vais vous résumer moi-même ; si au lieu d'attiror beaucoup de Français capitalistes et travailleurs, par la confiance et les garanties que vous proposez, on continue à ruiner, spolier, emprisonner et déporter les colons, si on perd encore un temps irréparable en tâtonnements et utopiques essais : si on ne fortifie pas la plaine par une ligne continue, au pied de l'Atlas, telle qu'en canal navigable, d'irrigation et d'assainissement, bien moins coûteux que les villages dont les fortifications n'empêcheront pas les cultivateurs d'être surpris et massacrés dans la campagne : si on retire nos regiments avant que de nombreux colons ne les aient remplacés, pour confier la garde du pays aux indigènes profondément et pour longtemps séparés de nous par leurs erreurs et leur fanatisme, ils nous trahiront à la première guerre maritime : nos armes et nos instructions serviront contre nous, et chacun prévoit, en cas d'un nouveau Trafalgar, ce qui résultera de ce beau système, imaginé par des Français patriotiquement dévoués aux intérêts de nos amis d'Angleterre !

Paris, imprimerie d'Amédée Saintin, rue Saint-Jacques, 38.

Pour paraître incessamment.

PAR LE MÊME AUTEUR.

Brochures in-18.

De la perfectibilité politique.
De la perfectibilité sociale.
De la moralisation de la société.
De l'amélioration des classes pauvres.
De la perfectibilité religieuse.
Addition à la pensée secrète sur Alger.

Sous Presse :

Edmont de Beaulieu : Mémoires philosophiques. . . . . 2 vol. in-8.

Ouvrages du même Auteur, déjà publiés.

Damis, ou l'Éducation du cœur; ayant obtenu une médaille d'or de l'Académie française. 1 vol, in-12.

Le Troubadour en démence; critique des romans. 4 vol. in-12.

Au roi populaire. . . . . . Brochure in-8.

Paris, imprimerie d'Amédée Saintin, rue Saint-Jacques, 38.

www.ingramcontent.com/pod-product-compliance
Lightning Source LLC
La Vergne TN
LVHW021714230826
846091LV00006BA/2173
* 9 7 8 2 0 1 1 7 5 7 7 5 3 *